Handwriting Workbook 1

This resource is intended as an individual student workbook with each letter worksheet in the recommended teaching order, which incorporates shape families, as below:

a d c g o s e q	f i t j l	b p r n m h k	u y v w x z

There are several different teaching recommendations and, as long as the order is logical, minor variations aren't that important. This order has been compiled with several factors in mind:

- Shape family
- Importance of that letter for making common words

Many teachers recommend teaching the 'easier' stick-like letters first (i, t, j, l, f). This is logical from the point of view of fine motor coordination. However, it does restrict the number of high frequency words which can be introduced in the early stages. If a learner is having difficulty with the order in this student workbook, it is perfectly acceptable to copy individual sheets and re-arrange the workbook into the preferred order.

Things to check

Pencil grip
It's quite easy to teach a correct pencil grip by drawing a dot on the end of the thumb and first finger, and another dot on the side of the third finger in the middle of the end segment. Tell your learner that, if all three dots are covered up, the grip is correct.

Pressure should not be excessive. Teach learners to hold the pencil reasonably firmly, but loose enough that you could draw it out from their grip with no great difficulty. A tight grip or excess pressure will cause discomfort.

Correct formation
Make sure your learner follows the guide for letter formation. It's a good idea to encourage them to sound out the movement. Example: For the letter 'a', it would be 'Around, up, down'. Saying the movement aloud develops an auditory memory for that letter formation.

For learners who struggle to remember the movement, you can encourage them to stand up and do the movement with the whole arm as a gross motor movement, while saying the movement aloud.

Letter Tracking
Letter tracking is important for fine motor coordination, letter identification and tracking skills. Encourage your learners to draw a line under the letters, looping around each target letter.

i y b c l m t o q b u a v w m b y q e o w o a t q w v n x b
t g b a c t b d y a w m p r s i v y t i c v h a w t e r k b t
b y a c d i t w k p a x t y w j s o v m t d a z b g r b a e w
o v p t i d m b y e b a d o t q w y e b a v j w i g u w t d

© The Learning Staircase Ltd, 2020

Alphabet Knowledge Checksheet
Recommended order for handwriting practice
Second column in each section is for you to record re-test results.

Letter	Know letter name		Know letter sound		Write lower-case		Write capital letter	
a								
d								
c								
g								
o								
s								
e								
f								
i								
t								
j								
l								
b								
p								
r								
n								
m								
h								
k								
q								
u								
y								
v								
w								
x								
z								

Supporting StepsWeb Resources include: Alphabet and Phonic Test Pack, StepsWeb online literacy program, Alphabet Set, Phoneme and Onset + Rime cards, Gameboards.

www.stepsweb.com

© The Learning Staircase Ltd, 2020

Date: _____

a a a a a a a a a a

A A A A A A A A A A

an   an   an   an   an

Circle the pictures which **start** with the short vowel 'a' sound (as in 'ant').

  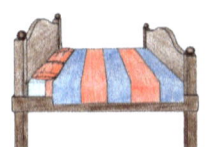 

www.stepsweb.com

©The Learning Staircase Ltd, 2020

Date: _____

and and and and and

at at at at at at

cat cat cat cat

ant ant ant ant

A fat cat

Letter Tracking

Draw a line under each row of letters, circling the letter 'a' when it appears

i y b c l m t o q b y a v w m b y g e o w o a t q w v n x b
t g b a c t b d y a w m p r s i v y t i c v h a w t e r k b t
b y a c d i t w k p a x t y w j s o v m t d a z b g r b a e w
o v p t i d m b y e b a d o t q w y e b a v j w i g u w t d
u t b o t u a v w d m p a t o e r z y t p a x v m w s o d x
w j a b t w o p t q w m r p b a b o r w m j t a p l m i a p

www.stepsweb.com

©The Learning Staircase Ltd, 2020

Date: _____

d d d d d d d d d d

D D D D D D D D D D

dad   dad   dad   dad

Circle the pictures which **start** with the 'd' sound (as in 'dad').

Date: _____

dog dog dog dog

and and and and

do do do do do

don't don't don't

A sad duck

Letter Tracking

Draw a line under each row of letters, circling the letter 'd' when it appears.

m t y d e o m p i d u t c m y b c l a x t y w j s d v m t x c
v h a d a z b c r s i v y g r b a e w d o q b y a v w m b m
w c d t q w v n x b t g d c t i b t b y a c d i t c k p t w s
o d c w j a b d b a d o c q b a v v p t i d c w i y a w c t u
a v w d b y e w y c g u d t p a t o e r c y t d a i v n x b t
g d c t i b t b y a c d c r s u v y g r b u d t p c d e l p b h

Date: _____

c c c c c c c c c c c

C C C C C C C C C C

can   can   can   can

Circle the pictures which **start** with the 'c' sound (as in 'car').

www.stepsweb.com

©The Learning Staircase Ltd, 2020

Date: _____

cat   cat   cat   cat

cup   cup   cup   cup

car   car   car   car   car

come   come   come

A new car

Letter Tracking

Draw a line under each row of letters, circling the letter 'c' when it appears.

t w s o d c w j a b d b a d o c q b a e v p t i d c w i y a
w c t u a v w d m p i d u t c m y b c l m t o q b y a v w
m b y g e o w c a t q w v n x b t g b c t i b t b y a c d i t
c k p a x t y w j s o v m t x c v h a d a z b c r s i v y g r b
a e w c m b y e w y c g u w t p a t o e r c y t p a w t e r
c k v m b t w o p c t q w m r p b a b c o r w m j t c l r t

Date: _____

g G

g g g g g g g g g g

G G G G G G G G G G

go go go go go

Circle the pictures which *start* with the 'g' sound (as in 'go').

Date: _____

got got   got   got

get get   get   get

goes   goes   goes

girl   girl   girl   girl

An old goat

Letter Tracking

Draw a line under each row of letters, circling the letter 'g' when it appears.

w v n x t d c w j a b g y w d b a d o c q g a v v p t i d c
w i y a w c t u a g w d m p i d u t g m y b c l m t o q g y
a v w m b y g e o w c b t g b w s g c t i b t b y a c d i t c
k p g x j s o v m t x c v h g d a g b c r s i v y g r b a e w
c g b y e w y c g u a t q w t p a t o e r c y t p g a t e r g
m v l c b t w o p c g q w m r p b a b c o g w n p e w g h

www.stepsweb.com

©The Learning Staircase Ltd, 2020

Date: _____

o o o o o o o o o o o

O O O O O O O O O

on on on on on

Circle the pictures with the short vowel 'o' sound in the *middle* (as in 'hot').

www.stepsweb.com

Date: _____

of of of of of of of

for for for for for

go go go go go

onto onto onto

Lots of dogs

Letter Tracking

Draw a line under each row of letters, circling the letter 'o' when it appears.

e a o d t w s q b o d y b c l m t o q t i b t b y a c d i t c
k p a o t y w j s o v m t x c v h a d a z b c r a o v p t i a
o c t a v w b y a v w m b y g c o s i o d b a d o c w c a t
q w o n v y g m p i d u t c m r b a o x b t g b y e w y c o
u e w c m b w j o t p a d c w i y t o e r c y t p a w t e a
c k v m b t w o p c t q w m l a p b a b c o r w j a p e l d

www.stepsweb.com

Date: _____

s s s s s s s s

s s s s s s s s

as as as as as

Circle the pictures which **start** with the 's' sound (as in 'sit').

Date: _____

sit sit sit sit sit

is is is is is is is

see see see see

was was was was

A scary spider

Letter Tracking

Draw a line under each row of letters, circling the letter 's' when it appears.

b g u w s o d c w j a b d b s d o c q p t i d c w s y a w c
t u a s w d m p i d u t c m y b s l m t o q b y a v w m b
y g s t q w v n x b t s b c t i o w c a b t s y a c d i t c k s
a x t y w j s o s m t x c v h a d a z b c r s i v y g r b a e
w s m w t a e v b y e w y c p a t o e r s y t p a w t s r c
k v m b t w o p c s q w m r p b a b c o r w m s t j d o t l

Date: _____

   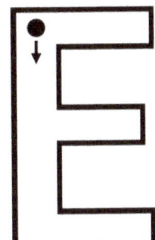

e e e e e e e e e e e e

E E E E E E E E

egg   egg   egg   egg

Circle the pictures **with** the short vowel 'e' sound (as in 'Ben').

         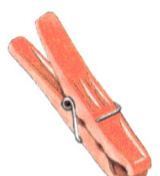

www.stepsweb.com

©The Learning Staircase Ltd, 2020

Date: _____

end end end end

we we we we we

wet wet wet wet

me me me me me

Sit on the bench.

Letter Tracking

Draw a line under each row of letters, circling the letter 'e' when it appears.

v h a d p e b c t i b t b y a z t e q b y a v w m b y g e o
w c a t q w x b t e b c r s i v y g r b a c d e c q b a v v a
c e i t c k p a x t y w e s o v m t x v n c e w y c t i e c w i
y a w c t u a v w e m p i d u t c m y b c l e w c m b y t e
s o k v d c w e a b d b g u w t p w m a t o e r c y t p a w
t e r c m b t w o p c e p b a b c o r q r e t f i s x q e t b r

Date: _____

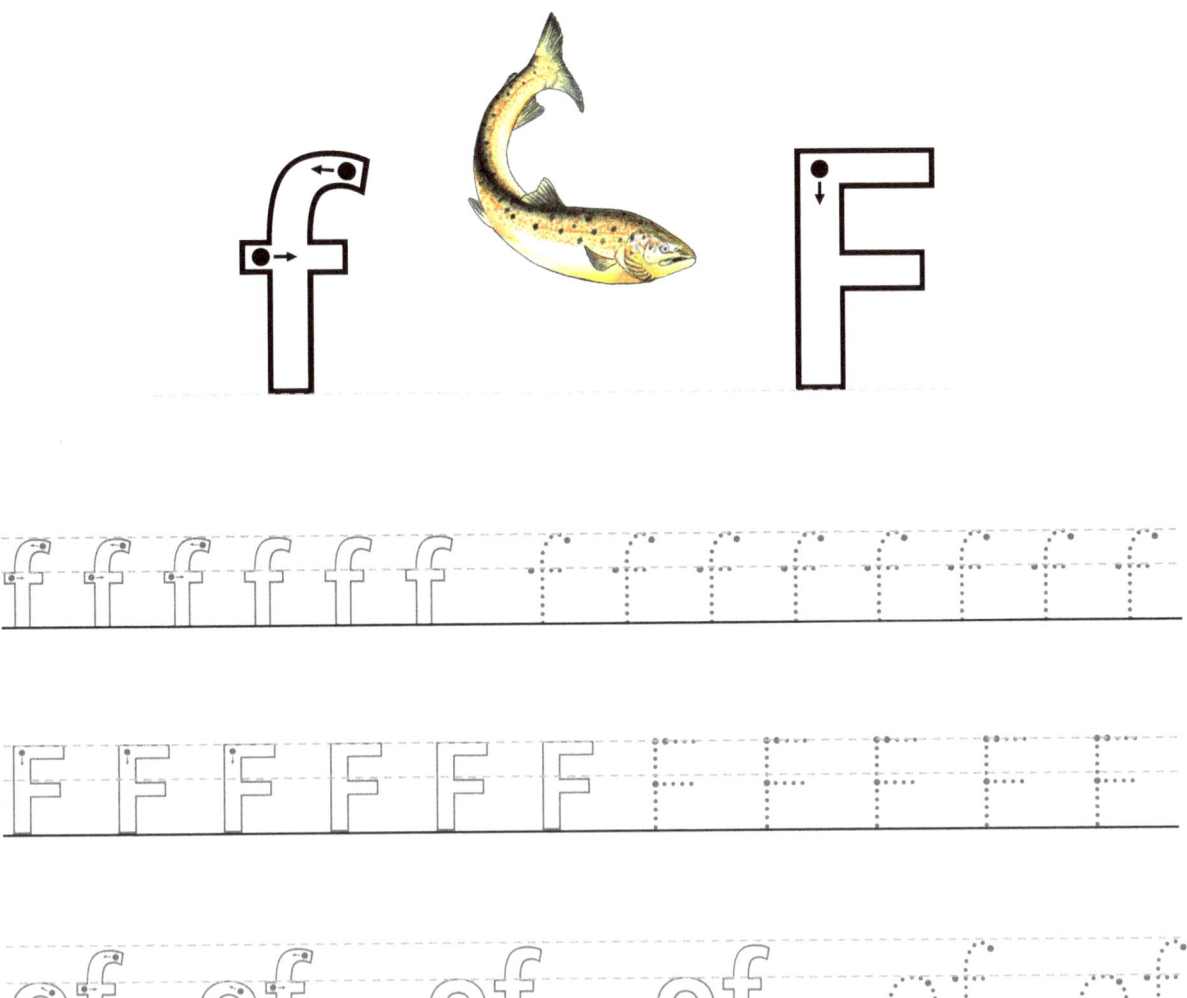

Circle the pictures which **start** with the 'f' sound (as in 'for').

Date: _____

for for for for for for

if if if if if if if if

from   from   from

off off off off off

A friendly frog

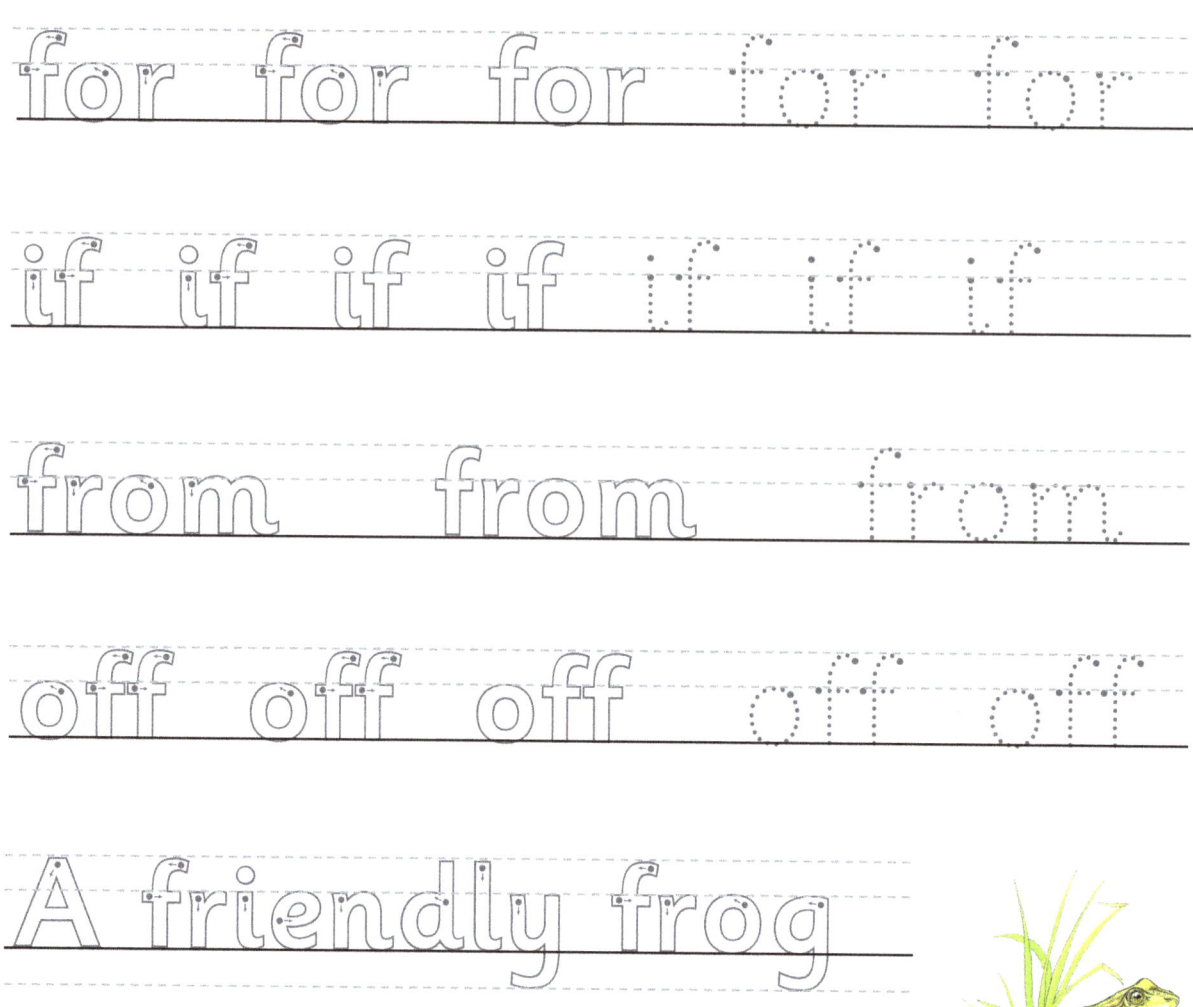

Letter Tracking

Draw a line under each row of letters, circling the letter 'f' when it appears.

y w e s o f t w o p c e w c m b y f e s o d c w e a v h a d
f e b c t i b t b y a z t f q b y a v e w m b y f e o w c o e
r c y f w c t u a v w b a t q x f t e b c m t x v n c e w y
c t f e c w i y a f a d e c q b a v v a c e i t f k p a x t f d
b g u w t f p a t p a w t e r c k f l e m p i d u t c m y b c
r s f v y g r v q w m r f b a b c o r e t f i t k n c g w m l h

Date: _____

i I

i i i i i i i i i i

I I I I I I I I I I

in   in   in   in   in

Circle the pictures **with** the short vowel 'i' sound (as in 'bin').

www.stepsweb.com
©The Learning Staircase Ltd, 2020

Date: _____

did did did did did did

it it it it it it it

is is is is is is

sit sit sit sit sit

A big ship

Letter Tracking
Draw a line under each row of letters, circling the letter 'i' when it appears.

p c t w s i d c w j a b d b a d o c q b a v v p t i d c w i y
a w c t u i v w d m p i d u t c m y b c l m t o q b i a v w
i b y g e o w c a t q w n x b t g b c t i b t b y a c d i t c
k p a i t y w j s o v m t x c v h a d a z b c r s i v y g r b a
i w c m b y e w y c g u i t p a t o e r c y t p i w t e r c k
v m b t i o t q w m r p b a b i o a r w m j k g t i z x p i t

Date: _____

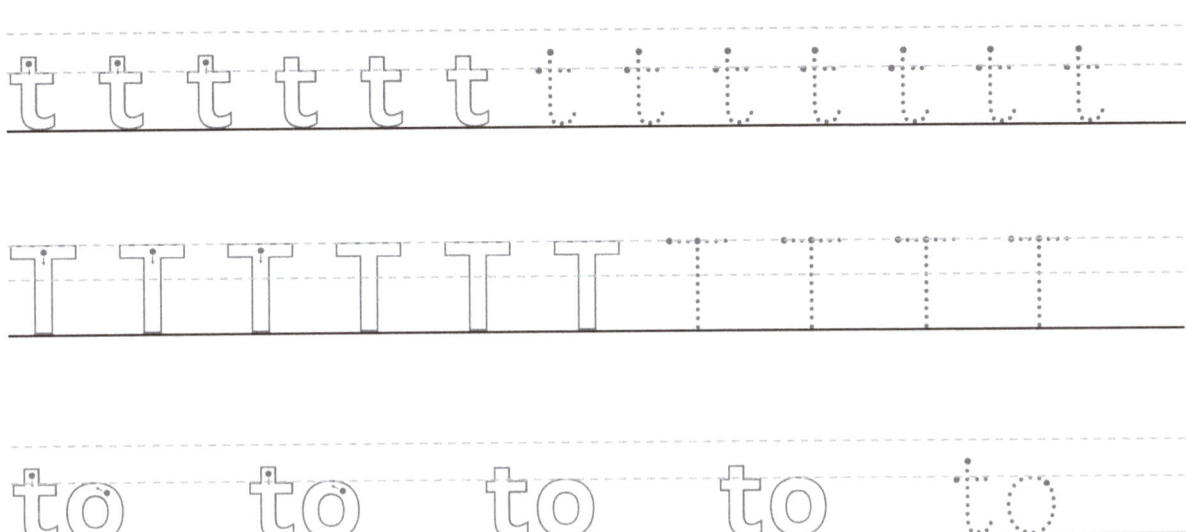

Circle the pictures which **start** with the 't' sound (as in 'table').

Date: _____

the   the   the   the

they   they   they

this   this   this   this

that   that   that

Don't pat that tiger!

Letter Tracking

Draw a line under each row of letters, circling the letter 't' when it appears.

i d m p i d t x c v h a d c t w s o d c w j a b d b a t o c q
b a e v p t w i y a w d a z b c r s c t u a v w u t c m y b
c l m t o q b y a v w m b y g e o w c a t q w v n x b t g b
c t i b t b y a c d i t c k p a x t y w j s o v m i v y g r b a
e w c m b y e w y c g u w t p a t o e r c y t p a w t e r c
k v m b t w o p c t q w m r p b a b c o r w m j t c p r t x

Date: _____

j J

j j j j j j j j j j j

J J J J J J J J J J

jam jam jam jam

Circle the pictures which **start** with the 'j' sound (as in 'jam').

www.stepsweb.com
©The Learning Staircase Ltd, 2020

Date: _____

just just just just

jar jar jar jar jar

job job job job

jump jump jump

Jill likes to jog.

Letter Tracking
Draw a line under each row of letters, circling the letter 'j' when it appears.

w y b c l m t j q b y a v w m b y g e o j w o a t q w n x
b t g b a j t b d y a w m p r s i v y t i c v h a w t e r j b
t b y a c d i t j k p a x t y w j s o v m t d a z b g r b a e
w o j p t i d m b y e b a d o t q j y e b a v j w i g u w j t
d u t b o j u a v w d m p a t o j r z y t p a x v m j s o d x
w j a b t w o p t q j w m r j p b a b o r w m j t a p l m i g

Date: _____

l L

l l l l l l l l l l

L L L L L L L L L L

lot   lot   lot   lot

Circle the pictures which **start** with the 'l' sound (as in 'lion').

www.stepsweb.com

©The Learning Staircase Ltd, 2020

Date: _____

leg   leg   leg   leg

log   log   log   log

tell   tell   tell   tell

like   like   like   like

I like lions.

Letter Tracking

Draw a line under each row of letters, circling the letter 'l' when it appears.

v h a t l a j e b d b a q o c l b a n v v j l p t i d c w i l a v
w d m b l t i p i d l t c m y b c l m t o q b y a v w m l y g
e o w c a t l q w v n x b t g b t b y a c d i t c k p a x t l
w j s o v m t x c d a l b c r s i v y g r b a e w c m b l e w
y c g u w l t w c t p a t l e r c y t p a w t e r c k v m b t l
o p c w m l p b a b c t q o w s l d c w r w m l a r c w l t

www.stepsweb.com

©The Learning Staircase Ltd, 2020

Date: _____

b B

b b b b b b b b b b b b

B B B B B B B B B B B B

be be be be be

Circle the pictures which **start** with the 'b' sound (as in 'big').

Date: _____

but   but   but   but

bat   bat   bat   bat

back   back   back

black   black   black

A big bat

Letter Tracking
Draw a line under each row of letters, circling the letter 'b' when it appears.

c t m t d a z b g r b t b o t u a v a e w b d y a w b y e b a
d o t m c t b d y a w m i y b c l p a x d m w m t o q b y a
v w m b y g e o w o a t q w m r p b a w n x b t g b a p r
p t q b o r w s i v y t i c d h a w t e r k b t b y a c d i t w
k p b x t y w j b o v o v p t i d m q y e b a v j d i g b w
t d u w d m p a t o e r b y t s o d x w j a b t w o l p l d b i

www.stepsweb.com

©The Learning Staircase Ltd, 2020

Date: _____

p P

p p p p p p p p p p

P P P P P P P P P P

pen pen pen pen

Circle the pictures which **start** with the 'p' sound (as in 'pot').

www.stepsweb.com

Date: _____

put put put put

play play play

pot pot pot pot

open open open

A pretty parrot

Letter Tracking

Draw a line under each row of letters, circling the letter 'p' when it appears.

a d a p a x w t u t a c p m w i y a b y g p o z b f w c a t
q w v n x b t g b c t i b t b p b a d o c q b a v r p t i d c
w c t u m y b p y a c d i t y w j s o v p t x c v h e w p s o
d c w j a b c l y m m p o q b y a v t c k c r s p v y g r b a
e w a p w d m p i d y c g u w t p a t o e r c y t p a p t e
r c k v m b t w o p c t q w m r p b a b c o r w m i p a t m

Date: _____

r r r r r r r r r r r r r

R R R R R R R R R R R

ran   ran   ran   ran

Circle the pictures which **start** with the 'r' sound (as in 'rat').

Date: _____

run run run run

red red red red

are are are are

for for for for

A friendly robot

Letter Tracking

Draw a line under each row of letters, circling the letter 'r' when it appears.

j r y l t b c w s o d r w j a b d b a d o c q b a r v p t i d c
w i y a w c t r a v w d m p i d u t r m y l m t o q r y a v
w m b y r n e o w c a t q w n r b t g b c t i b r b y a c
d i t c k p a r t y w j s o v m t x c v h a r a z b c r s i v y
g r b a e w c m b y e r y c g u w t p a t o e r c y t p a w
t e r c k v m b t w r p c t q w m r p b a b c o r w m w t r

Date: _____

n n n n n n n n n

N N N N N N N N

no   no   no   no   no

Circle the pictures which **start** with the 'n' sound (as in 'no').

   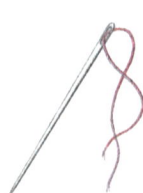      

      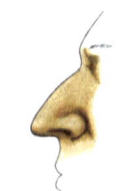   

Date: _____

not not not not

on on on on on

one one one one

new new new new

A runny nose

Letter Tracking

Draw a line under each row of letters, circling the letter 'n' when it appears.

w q r n p t w n o d c w j a b d b a b a v v p t i d c n i y a
w c t u a v w d m n i d u t c m y b c l m t o q n y a v w
m b n g u o w d o n q c a g q w u n x b t g b c t i b t b y
a c d i t c n p a x t y w j s o n m t x c v h a d a z b n r s i
v y g r b a e n c m b y e w y c g u n t p a n o e r c n t p
a u t e r n u k v m b t i w o p c t q n m r p b a n c o r j w

Date: _____

m m m m m m m m

M M M M M M M M

mum   mum   mum

Circle the pictures which *start* with the 'm' sound (as in 'mad').

Date: _____

man   man   man

me me me me me

him him him him

must   must   must

My emu smells.

Letter Tracking

Draw a line under each row of letters, circling the letter 'm' when it appears.

z b c m s t w s o h c m j a b d b a d o c q b h u v p t i m
c w i w t p m t y a w m t u a v w d m p i d u t c h y b c l
m t o q b y a h w m b y h e o w c i m b a t m w v h x b t
g b c t i b t m y a c d i t c m h a x t y w j s o m h t x c v
h a d a i v y g r b m e w h y e w y c g u o n h c y t p a w
t e r c h l v m b t w o p c h q w m r p b a b m p r t w l t

Date: _____

h H

h h h h h h h h h h

H H H H H H H H H H

he he he he he

Circle the pictures which **start** with the 'h' sound (as in 'happy').

Date: _____

had had had had

the the the the

has has has has

hot hot hot hot

A happy hippo

Letter Tracking

Draw a line under each row of letters, circling the letter 'h' when it appears.

u t c e h c m b y e w y b d b v a p t i d c w h y a w c t u
a v w d l m t o h b y a v w m b y g e o w c k p h x t y w
j s o v t a d o c h b a h s o d c w j a m p i h d i t c b h r s
m t x c v h a d a z a t q w h n x b t g b c t i b t b y a c h
u w t p a t o e r c h m y b c d i v y g r b a h p a w h e r c
k v m h t w o p i c t q w m r p b a b h o r w k t x d o h k

Date: _____

k k k k k k k k k k

K K K K K K K K K K

kid   kid   kid   kid

Circle the pictures which **start** with the 'k' sound (as in 'king').

Date: _____

kite kite kite kite

ask ask ask ask

keep keep keep

kind kind kind

A kind kiwi

Letter Tracking

Draw a line under each row of letters, circling the letter 'k' when it appears.

t k s p a x t y w j s o v m t x c k h a d a z b c r s i v y g r
b a e w c k q v n x b t g m b y e w y k b d b a d o d m
p k o w c a i d u t c m k b c l m t o q b k a b c t i b v k m
d c w j a c q b a k v p t i d c w i y a w c t k t b y a c d i v
w b k g t t c k c g u w t p a t o e r c y t p k w t e r c k v
m b t w o p c t q k m r p b a b w o r h k i j t p h k l m v t

Date: _____

Circle the pictures **with** the short vowel 'u' sound (as in 'cup').

Date: _____

bus   bus   bus   bus

use   use   use   use

run   run   run   run

cup   cup   cup   cup

A full cup

Letter Tracking

Draw a line under each row of letters, circling the letter 'u' when it appears.

d m c t w s u d c w j a b d b a q b a e v p t i d u n i y a
w c t u a v w d m p i d u t c m y b c l m t o q b y a v w
m b y u n o w c a t q w n x b t u b c t i b t b y a c d i t
c u p a x t y w j s u v m t x c v h a d a u n c r s i v y g r
b a u w c m b y e u y c g u w t p a t o e r n y t p a w t e
u c k v m b t n u p c t q w m r p u n b c o r w m j t u k n

Date: _____

q Q

q q q q q q q q q q q

Q Q Q Q Q Q Q Q Q Q

qu qu qu qu qu

Circle the pictures which **have** the 'qu' sound (as in 'quick').

Date: _____

quit   quit   quit

quick   quick   quick

quite   quite   quite

quiz   quiz   quiz   quiz

A quiet queen

Letter Tracking
Draw a line under each row of letters, circling the letter 'q' when it appears.

t r s w s o q t y w j s d c w j a b q b y t p a d o c q b a v
s p t i d c w i y a w c t u a q w d m p i d u t c m y b c l
m t o q b y a v w m b y g q o w c a t q w n x b t g q c
t i b t b y a c d i t c k p a o v m t x c v h a d a z b q i v y
g r b a e q c m b y e w y c g q w t p a t o e r c a w t e r
c k q m b t w i o p c t q w m r p b a b c o q w d t m l f p

www.stepsweb.com

©The Learning Staircase Ltd, 2020

Date: ________________

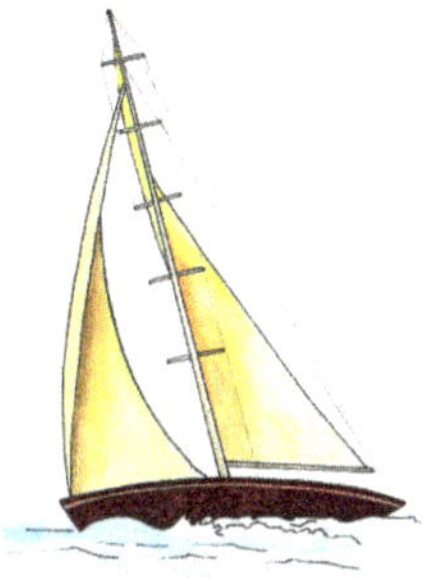

y Y

y y y y y y y y y y y

Y Y Y Y Y Y Y Y Y Y

yes yes yes yes

Circle the pictures which ***start*** with the 'y' sound (as in 'yes').

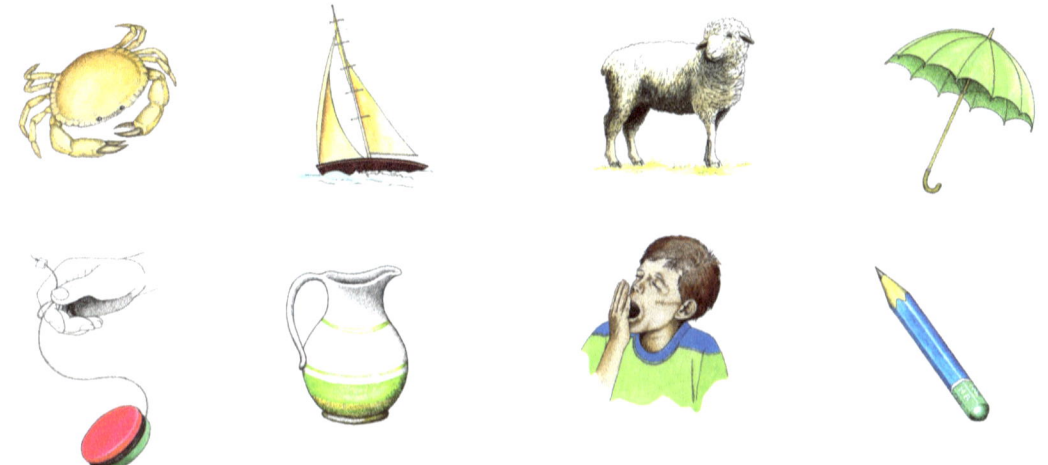

Date: _____

you you you you

yet yet yet yet

your your your

yell yell yell yell

Yellow paint

Letter Tracking

Draw a line under each row of letters, circling the letter 'y' when it appears.

c r t w s o t q d c w j y b d b a d o c q b a e v p y i d c w
i y a w c y u a v w d m p i d u t c m y a t o b c l m t o q
b y a v w m b y g e o w c a w v y x b t g b c t i b t b y a
c d i t c k p a x t y w j s o v m t x c v h a d y z b s i v y g
r b a e w c m b y e w y c g u w t p e r c y t p a w t e r c
k v m b t w o y c t q w m r p b a b c y r w i m k y l g t o

Date: _____

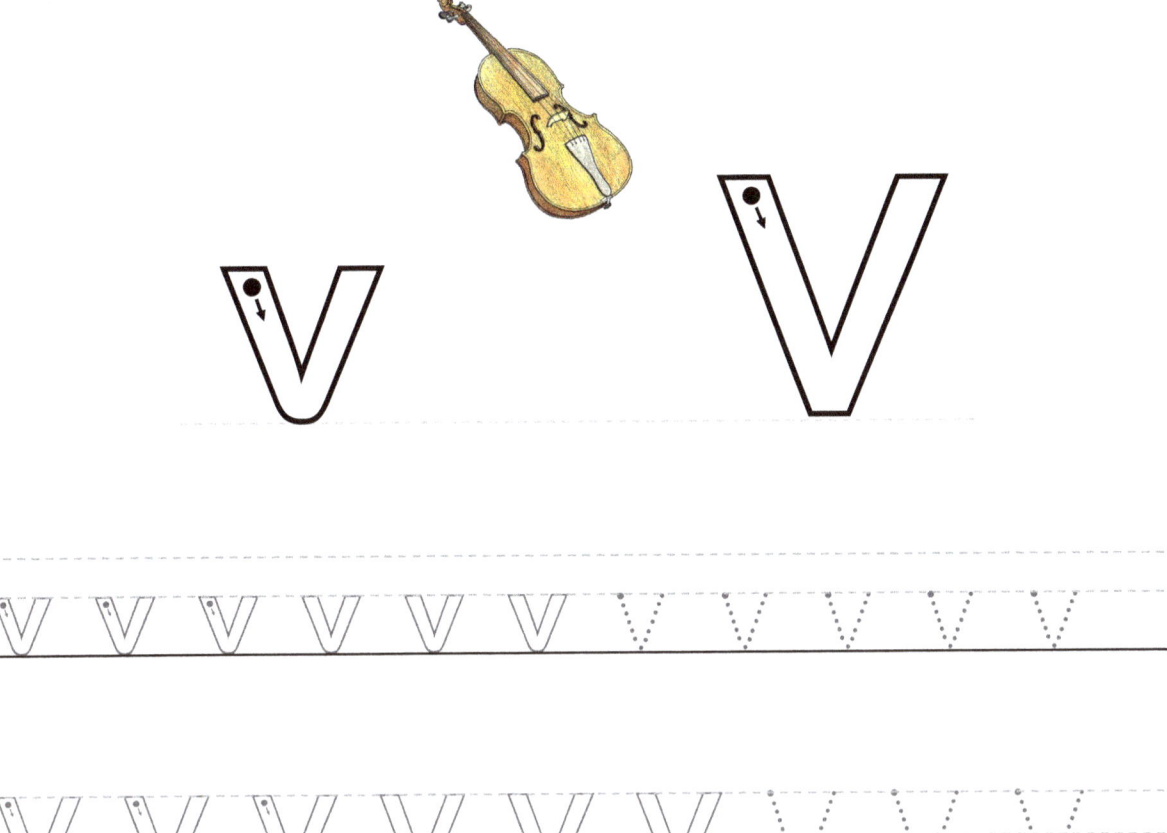

Circle the pictures which *start* with the 'v' sound (as in 'van').

www.stepsweb.com

Date: _____

vet   vet   vet   vet

over   over   over

even   even   even

vase   vase   vase

A vet at work

Letter Tracking

Draw a line under each row of letters, circling the letter 'v' when it appears.

t e r v s g d c w j v b d b c y a d o c q g a v b p t i d c w
i y a w c t v a g w d m p i d u t v c m y b c l m t o q g y
a v w m b y g e o w c a t q w v n x b t g b c t i b t b y a
c d i t c k p a x g y w j s o v m t x c v h a d a g b c r s i v
y g r b a v w c g b y e w y c g u w t p a t o e r t p a v t
g m v l n b t w o p c g q w m r p b a b c o g w n p e w r

Date: _____

w W

w w w w w w w w

w w w w w w w w

we we we we we

Circle the pictures which **start** with the 'w' sound (as in 'wet').

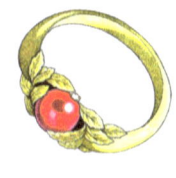   

Date: _____

wet   wet   wet   wet

was   was   was   was

when   when   when

who   who   who   who

Water sports

Letter Tracking
Draw a line under each row of letters, circling the letter 'w' when it appears.

g u w t w s t d c w j a y t p b d b v t q w a d o c q b a e
v p w i d c w i y a w c t u a v w d m p i d u t c m y b c l
m w o q b y a v w m b y g e o w c v n x b t g b c t i b w
b y a c d i t c k p a x t y w j s o v m t x c v h a d a z b w
r s i v y w r b a e w c m w y e w y c t p a t o e r c a w t
e r c k v m b t w o p c t q w m r p b a b c o r w n p m l h

Date: _____

x x x x x x x x x x

X X X X X X X X X X

fix   fix   fix   fix   fix

Circle the pictures which **have** the 'x' sound (as in 'fix').

www.stepsweb.com

©The Learning Staircase Ltd, 2020

Date: _____

box   box   box   box

fox   fox   fox   fox

wax   wax   wax

x-ray   x-ray   x-ray

Three foxes

Letter Tracking
Draw a line under each row of letters, circling the letter 'x' when it appears.

b p s x b c a e w c t i d i t y w j x o v m t x c v d o c q b
a e v x t i d c w i y a x c t u a v w d m p x d u t c k p a x
t h a d a x b c r s i v y g r x m b y e w y c x c w j a b d x
a c b t y a c m y b c l m t o q b y a v x m b y g e o w c
a x q w g u w t p x t o v n x b t g e r c x t p a x t e r c k
v m b t w o p c i t q w m r p b a x c o r w m j t x m t y z

Date: _____

z z z z z z z z z z

Z Z Z Z Z Z Z Z Z Z

zoo   zoo   zoo   zoo

Circle the pictures which **start** with the 'z' sound (as in 'zoo').

Date: _____

zip   zip   zip   zip   zip

zoo   zoo   zoo   zoo

zero   zero   zero

zap   zap   zap   zap

Zebras at the zoo

Letter Tracking

Draw a line under each row of letters, circling the letter 'z' when it appears.

t d a z w z o d c w j a b d b w c a h d z c q b a e v p t i d
z w i y a w c t z a v w d m p i d u t c z y b c l m t o z b y
a v w m b z g e o w c a t q w v n x z t g b c t i b t z y a c
d i t c z p a x t y w j s o z m t x c v h a b c r s i v y g r b
a e w c z b y e w y c g u w t p a t o z r c y t p a w t e r c
k v m b t z o p i t q w m r z b a b o r w m j z t w p t z w

www.stepsweb.com

©The Learning Staircase Ltd, 2020

www.ingramcontent.com/pod-product-compliance
Lightning Source LLC
Chambersburg PA
CBHW040950020526
44118CB00045B/2830